AF259981

CANTAGREL

(FRANÇOIS-JEAN)

ANCIEN REPRÉSENTANT DU PEUPLE

Candidat démocrate socialiste

de la 7me circonscription de la Seine.

PRIX **25** CENTIMES.

PARIS

CHEZ TOUS LES LIBRAIRES

1869

CANTAGREL

(FRANÇOIS-JEAN)

ANCIEN REPRÉSENTANT DU PEUPLE

Candidat démocrate socialiste
de la 7ᵐᵉ circonscription de la Seine.

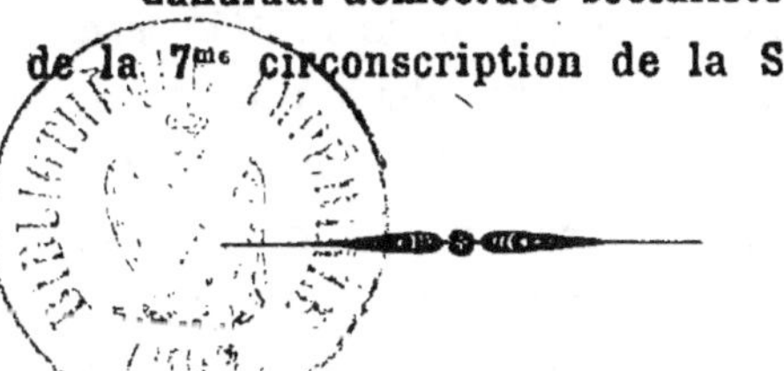

CANTAGREL (FRANÇOIS-JEAN), né le 24 juin 1810, à Amboise (département d'Indre-et-Loire), d'une famille d'industriel, fut d'abord ingénieur civil, puis étudiant en droit.

Vers 1838, il s'éprit d'une grande admiration pour les théories de Ch. Fourier, et consacra ses efforts à la propagation de l'idée nouvelle.

Aussi dès que l'école phalanstérienne se sentit assez puissante pour fonder *la Phalange*, Cantagrel fut l'un des écrivains le plus remarqué de cette feuille avancée et peu après la dirigea en qualité de gérant.

Bientôt il se forma deux partis dans le groupe fouriériste ; le premier, s'occupant *exclusivement* de la doctrine pure, pensait que les préoccupations de la politique ne pouvaient que nuire à une application prochaine.

L'autre, au contraire, déclarait la question sociale inséparable du progrès politique.

Cantagrel était l'un des membres le plus actif de ce second groupe, qui dès 1843 s'affirma résolûment par la transformation de *la Phalange*, organe socialiste, en *la Démocratie pacifique*, feuille politique et sociale, en tête de laquelle on lisait : *Droit au travail, libre examen, élection*, et qui dès son premier numéro prit place dans les rangs de l'opposition.

En 1847, comme co-gérant de *la Démocratie p icifique*, il eut à répondre de deux procès : le premier était moivé, par cette phrase d'un article qu'il adressait aux hommes du pouvoir. « Repus, nous vous aurons du moins avertis. » La cour d'assises d'alors l'acquitta, mais l'autre poursuite vers la fin de la même année, se termina par une condamnation à trois mois de prison.

La notoriété qui s'attache à tout homme persécuté amena au bureau de *la Démocratie pacifique* la députation des étudiants, qui, au nombre de trois mille s'étaient rendus à la Chambre des députés pour protester contre la suppression des chaires des citoyens Quinet, Michelet et Mickiewitch ; dans cette occasion, le citoyen Cantagrel prononça une allocution remarquable, autant par la date à laquelle elle fut prononcée (3 février 1848), que par les idées suivantes que nous copions textuellement dans le journal, *l'Avant-Garde* du 10 février 1848.

« Messieurs, — mes amis. — La Démocratie vous reçoit avec bonheur, et c'est avec empressement, c'est avec joie qu'elle vous promet le concours et l'appui que vous venez lui demander.

» Comment en pourrait-il être autrement?... ne sommes nous pas vos aînés de 1830 ?... Nous avons fait notre devoir alors ; à vous de faire le vôtre aujourd'hui... mais il faut jeter un trait d'union entre 1830 et 1848...

» Depuis quinze ans, la jeunesse a fait peu de manifestations publiques... on a forgé à l'usage de la jeunesse, et l'on a cherché à lui inculquer le code des intérêts matériels, qui pour un instant du moins a semblé agir sur elle comme un narcotique énervant... mais ils se sont trompés ceux qui ont compté prolonger votre sommeil... voilà que vous vous levez !... »

La République le trouva donc parmi ses amis de l'avant-veille, et lors des élections pour l'Aassemblée législative de 1849, le département de Loir-et-Cher le nomma représentant du peuple par 22,000 suffrages.

Lié d'amitié et d'opinion politique avec les principaux chefs de la Montagne, il prit part à diverses manifestations socialistes et politiques radicales, particulièrement à celle du 13 juin, dite des Arts et Métiers, et dont le but, chacun se le rappelle, était de protester contre la destruction de la République romaine.

En cette journée, il fit son devoir, simplement, avec calme ; et au moment où les baïonnettes de la troupe étaient dirigées contre sa poitrine, son attitude, exempte de forfanterie, fut de l'avis de ceux qui partagèrent le péril avec lui, celle d'un citoyen qui a d'avance fait le sacrifice de sa vie, si ce sacrifice est nécessaire au triomphe de l'idée qu'il défend.

Décrété d'accusation et condamné comme contumax par la haute cour de Versailles à la déportation perpétuelle, peine entraînant la mort civile, il quitta sa patrie, et de Belgique, où is'était refugié, adresse à ses électeurs et amis un compte rendu de sa conduite dans cette journée du 13 juin ; dans ce travail nous lisons :

« Je n'ai ni une parole à retirer ni un acte à regretter, tout ce que j'ai fait, tout ce que j'ai dit, je le ferais et je le dirais encore.

» Je vous avais promis de défendre la constitution au péril de ma liberté, au péril même de ma vie. Ce que je vous ai promis, je l'ai tenu, je l'ai tenu dans les termes de mon programme, — rien de plus, rien de moins. »

Avant son départ de France et dans la séance du 9 juillet 1849, jour où parvint à Paris la nouvelle de la prise de Rome par l'armée française, la majorité, d'accord avec le ministère Odilon Barrot, déposa sur le bureau de l'Assemblée une proposition de remercîment aux troupes de l'expédition.

Nul ne prenait la parole, et déjà la majorité criait *aux voix*, lorsque le citoyen Cantagrel s'élance à la tribune :

« Citoyens représentants, un mot seulement sur la proposition. Sous le vote qui vous est demandé, il y a une question politique qui domine tout, nous ne voulons pas qu'on nous place dans cette situation de refuser à l'armée un témoignage de sympathie, ou de paraître, en le donnant, donner par cela même au ministère et à la politique que nous avons désapprouvée, une approbation explicite ou implicite. »

La gauche tout entière approuva, s'abstint, et le vote fut nul.

Là finit son mandat législatif qui avait duré six semaines.

Pendant son exil, il visita la Suisse, l'Angleterre, la République américaine, et recueillit dans ses voyages un grand nombre d'observations touchant les choses gouvernementales ; sur ce sujet nous citons encore son compte rendu aux électeurs.

« Ah ! ils auront beau faire et beau dire, ils ne résoudront le problème social qu'à la condition de répartir équitablement les charges et les avantages de la société.

« Ils ne garantiront la propriété qu'en multipliant le nombre des propriétaires ; i's ne sauveront la famille (que personne n'attaque, mais qui se dissout rapidement sous l'influence de la misère) qu'en donnant au plus humble des hommes la faculté de fonder et d'élever une famille ; ils ne consolideront l'ordre, enfin, qu'en y intéressant tous les citoyens et en respectant les légitimes exigences de la liberté.

Amis, courage et espoir ! Courage ! car nous avons de grandes choses à accomplir. Espoir ! car notre cause marche à pas rapides, et nos ennemis sont forcés de constater eux-mêmes le progrès de notre pensée, pensée de liberté, d'égalité et de fraternité. »

Rentré en France, après l'amnistie de 1859, il se représentait, en 1863, dans la 1re circonscription de Loir-et-Cher, et retrouvait 5,200 voix, c'est-à-dire environ la moitié de ses électeurs de 1846, qu'un silence de quatorze ans n'avait pu détacher.

A la même époque, il posait à Paris une candidature de protesta'ion contre Darimon, en qui il avait peu de confiance.

Aujourd'hui, c'est encore dans la même circonscription qu'il pose sa candidature démocratique et sociale ; son désir serait de pouvoir développer, du haut de la tribune du Corps législatif, le résultat de ses méditations et de démontrer que diverses applications socialistes seraient praticables sous le régime d'indépendance et de liberté qu'il appelle de tous ses vœux.

Candidat démocrate socialiste, il paraît ressortir des réponses que le citoyen Cantagrel a eu occasion de faire sur le caractère du mandat représentatif ; qu'à son avis,

le mandat impératif et révocable est le seul qui laisse
entre les mains de l'électeur la souveraineté totale, et le
seul, aussi qui puisse constituer une garantie complète
du suffrage universel.

Si donc une réforme législative sur les droits de
réunion et d'association, ou une transformation du
milieu politique et social intervenait, il serait plus près
que tout autre d'accepter ce mandat impératif et révocable.

Après avoir brièvement esquissé l'homme politique
et le socialiste, nous présentons au lecteur le citoyen
Cantagrel comme homme et comme orateur.

D'une taille élevée, il paraît avoir la cinquantaine;
sur des épaules larges et carrément accusées, pose une
tête remarquable, à laquelle une longue barbe et des
cheveux grisonnants donnent un aspect patriarchal et
cependant énergique.

La voix est forte, bien que d'un timbre un peu féminin.
Le regard exprime, à l'état habituel, une certaine dou-
ceur, une fixité calmé; mais au choc d'une discussion
sur l'un de ses sujets favoris, l'œil s'éclaire et prouve
que, sous cette apparente placidité, existe nne convic-
tion faite et désormais inébranlable.

A la tribune des réunions, soit publiques ou privées,
dans lesquelles il s'est fait entendre, s'il a préparé,
étudié, son sujet, en un mot s'il le possède en entier, il
l'aborde nettement, sans ambages, ni réticences, pénè-
tre au cœur de la question, et, la traitant sous toutes
ses faces, en fait fort habilement ressortir les points
avantageux à la thèse qu'il défend.

Dans ce cas, son style essentiellement sympathique, familial, renferme des qualités de premier ordre, et parfois s'élève, par un choix d'images fortes et variées, à une très-grande puissance.

Dans l'improvisation, une grande partie de ces avantages disparaît ; les auditeurs ont bien toujours devant eux l'homme énergique, savant et convaincu, mais l'orateur laisse plus à désirer. Est-ce un défaut ou une qualité ? Il en sera jugé selon que les électeurs désireront un penseur ou un tribun.

Enfin, pour achever de mettre complétement les citoyens à même de juger Cantagrel, empruntons la liste des ouvrages du candidat à l'excellent Dictionnaire de Pierre Larousse.

Outre ses articles à *la Phalange* et à *la Démocratie Pacifique* et diverses brochures de circonstances :

1841. *Le Fou du Palais-Royal*, plusieurs éditions.
1843. *Mettray et Osterwald*, étude sur les colonies agricoles.
1848. { *Quinze Millions à gagner sur les bords de la Cité.*
       { *Organisation des travaux publics.*
       { *Réformes des Ponts et Chaussées.*
1857. *Comment les Dogmes commencent.*
1858. { *Nécessité d'un nouveau Symbole.*
       { *D'où nous venons, où nous allons.*
1859. *L'Élection véridique.*

Aux électeurs maintenant de juger si ce candidat leur inspire assez de confiance pour l'honorer de leur mandat, où s'ils trouvent qu'il n'a point encore assez fait pour la cause démocratique et sociale.

Lisez, pesez le pour et le contre, et réfléchissez à deux fois avant de vous décider, car c'est surtout en l'absence du mandat impératif et révocable que deux avis valent mieux qu'un.

Memento.

SOUS PRESSE :

LES TITRES DE **JULES FAVRE** à la députation.　»　**25**

FRÉDÉRIC MORIN jonrnaliste ; — **HÉROLD**,
　avocat ;　　　　　　　　　　　　　　　　　　　　»　**25**

M. HORN, d'où il vient, où il va.　　　　»　25

EN PRÉPARATION :

Mᵉ **GAMBETTA** ;

PELLETAN (Eugène) ;

ROCHEFORT (Henri).

Typ. Morris père et fils, rue Amelot, 54